Légendes et Poésies des Indiens du Canada

ADSO

Légendes et Poésies des Indiens du Canada

Préface

Les légendes indiennes du Canada sont des traditions orales qui relèvent de la mémoire collective. Il faut entendre oral, comme transmission primitive. Pour ne pas oublier. Le peuple indien du Canada subit un véritable génocide. Des années 1820 aux années 1996 furent institués les pensionnats autochtones (ou écoles résidentielles). Ces institutions étaient destinées à scolariser, évangéliser et assimiler les enfants indiens. Ils vivent une réelle extinction dans la souffrance : séparés de leur famille et de leur culture. Pourtant leur culture est d'une grande richesse : à la fois mystérieuse et enseignante, étudier leurs légendes est un privilège. Il est certain que nous ne pourrons jamais tout comprendre de ce peuple ; mais veiller à sa survie est un devoir. En espérant qu'ils puissent survivre. Faire entrer leurs légendes dans la culture c'est reconnaître leur existence. Il semblerait qu'actuellement on évoque leur résurgence, malgré un désir évident d'assimilation. Au début du XXème siècle le gouvernement américain prend conscience de l'inégalité et du racisme qui affectent la minorité indienne, quatre grandes dates sont à rappeler : 1929, 1934, 1944, 1977. En 1929, *Le rapport Miriam* relate la situation dramatique pour les amérindiens, qui souffrent de pauvreté et d'exclusion. En 1934, c'est le président des États-Unis Franklin D. Roosevelt qui donne une plus large autonomie politique et économique aux indiens, c'est l'*Indian Reorganization Act*. Durant la seconde guerre mondiale en 1944 est institué le *National Congress of American Indians* destiné à unir les tribus et à maintenir l'originalité et la particularité culturelle indiennes. En 1977, l'American *Indian Religion Freedom Act* complète les droits obtenus en offrant la garantie de la liberté de culte pour les amérindiens. Cependant leur statut reste ambigu et inquiétant puisqu'il existe parallèlement des lois qui ont tendance à les assimiler et à les éloigner de leur culture et de leur identité : notamment *La Termination Policy* et l'*Indian Gaming Regulatory Act* en 1988 qui « autorise » les tribus d'ouvrir des casinos ! Les inciter à vivre dans un monde où dominent l'argent, l'alcool et la fourberie, alors que leur seul mode d'existence consiste à vivre et comprendre la nature et ses éléments.

    Les légendes indiennes présentent une abstraction sur l'origine et à travers l'expression de rites, elles offrent un panorama, porteur du portail de l'humanité. Par leur caractère étiologique, les légendes (ou mythes ?) proposent une recherche une exposition des causes aux phénomènes troublants de la nature et du monde.

Si les amérindiens sont les premiers occupants du continent Américain. Les tribus actuelles Canadiennes sont : les Apaches, les Chectas, les Cheroquees, les Chicahas, les Colville, les Comanches, les Cris, les Creeks, les Crows, les Delaware, les Houmas et les Iroquois dans l'Est et les Tsimshians dans l'Ouest. On parle de la langue Micmac, Huronne du sud de l'Ontario, Algonquine dialecte d'Ojibwé, Salish de la zone maritime du nord de l'océan Pacifique, Pikuni une tribu Pieds-noirs et les Tsimshian le peuple de la rivière, et Ajiboué.

Les légendes indiennes du Canada ont inspiré des théologiens, des anthropologues, des philosophes et des poètes. Les théologiens en évoquant ces légendes primitives parlent de mémoire, d'identité, de solidarité, ils reconnaissent en ce peuple une réelle civilisation.

Les anthropologues eux évoquent les récits fondateurs et la question mytho-poétique de la mort. Les mythes indiens trouvent leur richesse dans la poésie dont ils ont enveloppé la mort.

ADSO.

© 2016, Sandrine Adso

Edition : BoD - Books on Demand
12/14 rond-point des Champs Elysées, 75008 Paris
Impression : Books on Demand GmbH, Norderstedt, Allemagne
ISBN : 9782322095575
Dépôt légal : juillet 2016

Gouseclappe : Légende Micmac.

Gouseclappe est bénéfique à la Terre des humains,
Il aimait les Hommes et leur voulait du bien.
Il leur a enseigné
L'art de chasser,
L'art de pêcher,
Les noms des constellations,
Et comment sécher le poisson.
Il les protège contre les mauvais Génies,
En effet, *Gouseclappe* était un *Grand Esprit*
Et il prenait volontiers forme humaine.
La vieille *Nougou-Miche* était une douce aubaine :
De bons plats et de bons mets, elle préparait bons à la bouche.

Il avait pour serviteur *Abistamouche*.
Des voyageurs lui empruntait son canot,
Gouseclappe lui-même aimait aller au-delà des eaux.
Il était aussi grand voyageur,
Lui demander service ne faisait pas peur.
Il fallait toujours dire la vérité.
Il avait sa façon de satisfaire aux demandes peu raisonnées.

Un Micmac le pria de donner à sa vie, plus de temps,
Gouseclappe lui répondit par une métamorphose.
Il le changea en cèdre tordu, sous le vent
Et le planta entre deux rochers : d'où les ecchymoses.

Gouseclappe recommandait aux Hommes de vivre en paix
Cependant les Hommes s'apprêtaient à guerroyer.

Ils eurent peur de *Gouseclappe*,
À qui cette guerre, échappe.
Pour un temps.

À un autre moment,
Il renouvela ses conseils de paix,
Mais les Hommes ne le crurent désormais,
Et ignorèrent ses paroles,
Et se lancèrent dans des guerres folles.

Ils se battirent souvent,
Et *Gouseclappe* devint intransigeant.

La création des oiseaux, légende micmac.

C'était un temps sans Oiseaux,
C'était un temps sans Animaux.
Les enfants jouaient avec des feuilles,
Seulement pendant six Lunes
Car *Ours Blanc* à la septième Lune,
Soufflait, et ne laissait sur les arbres que le froid et le deuil
D'un printemps,
À attendre un prochain temps.
Et *Loup Hurleur* faisait venir la fin du Soleil,
Les enfants restaient tristes durant de longs éveils.

Une petite fille, triste regardait les feuilles tomber
Aussi à *Gouseclappe*, elle alla implorer :
Lui demanda de faire une nouvelle chose,
Après avoir fait la Terre, l'Eau, les petits Feux et les jolies Roses
Pour que les enfants jouent à nouveau et rient.
Gouseclappe l'entendit :
Il ramassa les feuilles tombées
Et souffla sur ces vertes et rouges au sol unifiées.
Des Oiseaux de toutes les couleurs s'envolèrent
Et sur les arbres en chantant se posèrent.

Pourquoi les érables rougissent à l'automne et que le cerf perd ses bois ?

Au moment où les feuilles tombent, l'Érable
Qui prodigue le sucre, même sur le sable,
Devient d'un rouge intense
Les Hurons expliquent que ce n'est pas à cause du froid qui danse.

Autrefois Hommes et Animaux voyageaient librement,
Il n'y avait pas de frontières entre les tipi, les camps.

Ils descendaient sur l'arc-en-ciel
Leurs vies étaient toujours agréables et belles.
Afin d'éviter les querelles,
Le *Grand Esprit* leur avait ôté la soif et la faim
Pour qu'ils puissent être exempts des premiers besoins.

Il faisait durer les mois chauds toute l'année,
Mais un jour, Rat proposa de jouer :
À qui volerait le plus haut
Parmi les Oiseaux ;
À qui courrait le plus vite,
Parmi les animaux de la forêt,
Qui vers la victoire se précipite ?

Alouette monte la première dans le ciel plein du jour,
Elle a le don de chanter une mélodie d'amour.

Martin-pêcheur, *Harle* et *Gélinotte*,
Se vantèrent de pouvoir faire mieux,
Considérant *Alouette*, comme une idiote.

Leur orgueil ne les rendit pas plus heureux.

Aigle se mit à planer au-dessus des Eaux,
Et, *Faucon* déclara à tous
Qu' *Aigle* était l'oiseau qui volait le plus haut,
Ce que les Oiseaux savaient tous.

Aigle avait le dos encore humide,
D'avoir frôlé les nuages.
C'était la saison aride
De chaleur dans tout le paysage.

La course des Animaux de la Forêt,
Fut ensuite disputée
Par l'Élan *Mohouse*,
Mokwa l'Ours,
Méchi-gan le Loup,
Ah-tik le Caribou,
Enfin *Wapouse* le Lièvre,
Mishi-biji le Cougouar toujours excité.
Tous partirent du même pied,
Celui qui arriva le premier: fut le Lièvre.

Oua-oua-ché-guèche, le Cerf en fut fâché.
Sans mots dire il quitta l'assemblée.
Et remonta dans *La Terre dans Haut*,
Par le pont aux dégradés si beaux,
Appelé *"pont de toutes les couleurs"*
Qui procure à tous espoirs et lueurs.
Sa conduite déplût à Ours qui le suivit

Pour lui dire qu'il avait désobéi.
Au lieu d'une explication, entre les deux Animaux
Cerf hérissa le poil sur son dos,
Et chargea Ours tête baissée,
Mokwa fut blessé
Et aurait pu être tué.

Mais Loup avait suivi Cerf pour le chasser,
Son pire ennemi, il demeurait.
Et *Oua-oua-ché-guèche* se sauva,
Les bois du Cerf couverts du sang de *Mokwa*,
Dégoulinèrent sur les feuilles de l'Érable
Et le sang en devint l'hôte honorable.

Depuis, elles prennent tous les ans
La couleur du premier sang
Versé sur la Terre.

C'est ce que décida *Grand-Esprit* dans sa colère
Lorsque les feuilles rouges seront tombées
Depuis deux Lunes de nuitées,
Cerf perd ses bois,
Et sans défense, il est livré à Loup.
Toute cette malédiction à cause de Rat,
Et Loup est vainqueur désormais à tous les coups.

La conquête du feu, légende algonquine.

Il faisait alors très froid
Et les Hommes n'avaient pas de Feu.
Seul le dieu *Tonnerre* le possédait au bout des doigts,
Et malgré la coutume indienne, il n'eût l'idée
De le partager ...

Plusieurs ambassades lui furent envoyées,
Dans le but d'emprunter,
Un peu de chaleur,
Pour plus de bonheur.

Mais aucune ne réussirent à le trouver,
Parce qu'il parvenait à cacher
Fort bien son trésor
Le Feu vaut plus que de l'or.

Les Hommes décidèrent de tenir un grand conseil
Et d'y convier les Animaux aux merveilles.

En ce temps là, les Hommes et les Animaux
Comprenaient les mêmes mots.

Les Bêtes furent invitées
À donner leurs paroles, et leurs secrets.
Réunis dans un cercle ensemble,
Ils avaient tout à dire tous les mystères
Qui tour à tour tremblent
Dans cette assemblée de Lumière.

Tcheck, le Porc-Épic, fut le premier à s'approcher
Il interpelle Ours car il est selon lui, le plus avancé
Dans le monde des secrets.
L'ours s'adresse aux Hommes :
Dans le sapin creux où je dors,
J'ai eu un songe : " j'ai vu un Castor
Celui-ci nageait,
Un Loup qui courait
Et un Épervier qui volait
Tous trois se dirigeaient du côté,
Où le dieu-*Tonnerre* joue avec son grand tambour,
Et dans le ciel, le Feu court.

Le Castor et le Loup vers le Feu allaient
L'Épervier les guidait ".
Les Hommes et les Animaux déclarèrent : c'est Grand Manitou qui l'a envoyé.
Castor, Loup et Épervier partirent donc du côté
Où le Soleil disparaît
Lorsque vient la fin du jour.

Mais à chacun ses détours,
Que ce soient celui du Soleil ou celui du Loup.
Loup rencontra un Cerf, promesse d'un festin bien doux.
Il oublia sa mission.

Castor finit par remonter la rivière dans un joli son
Plein de joie et de fierté,
Car il allait là où le dieu *Tonnerre* campait.
Il s'approchait du Feu
Gardé par dieu *Tonnerre* et les siens.

Castor se sentait proche d'une mission qui pourrait finir bien.

À l'entrée de la cave était le Feu,
Quand vers lui, Castor fit un pas
Il fut aperçu par l'un des enfants du dieu,
Qui une flèche, lui décocha.
Castor feignit d'être mortellement blessé.

Il laissa l'enfant le ramasser
Qui le jeta sans cérémonie près du Feu ;
Pensant ainsi que son père aurait de quoi manger.
C'était un leurre, comme une joie sans jeu.

Castor était enfin près du Feu,
Épervier laissa tomber une coquille de moule
Près de l'élément majestueux,
Ainsi la réponse aux angoisses des hommes venaient en foule.

Castor et Épervier se sentaient victorieux
Et surtout de pouvoir rendre les hommes heureux.

Quand ils se crurent hors d'atteinte et en sécurité,
Castor et Épervier se partagèrent le Feu
Pour mieux le distribuer
Là où il peut servir aux Hommes enfin chanceux …

L'Oiseau le déposa au sommet des arbres feuillus
Et Castor dans l'herbe verte et nue.

Le dieu *Tonnerre* les rejoignit,

Les poursuivit,
Dans un bruit épouvantable.
Il en voulait surtout à Castor, le misérable
Qui avait dérobé le Feu
Il dirigea ses flèches de Feu contre lui et le brûler.

Si Castor a la queue aplatie,
C'est parce qu'une flèche l'atteignit
Et qu'il la plongea dans l'eau
En tapant avec sur le bord des flots.

Les vents, légende tsimhian.

Autrefois l'année
N'était pas divisée,
Comme aujourd'hui,
Ce sont les vents qui avaient choisi.

Les quatre chefs avaient partagé
Entre eux l'année,
Et le plus puissant
Des quatre vents :
Vent du Nord s'en était approprié
Toute la moitié.

Pendant six mois, il tenait la Terre
Dans un froid aussi horrible qu'une guerre,
Couverte de neige et de glace.
C'est ainsi que *Vent du Nord* avait fait sa place.

Au grand déplaisir
De *Vent d'Est*,
Vent d'Ouest
Et même le devenir
De *Vent du Sud*, le plus doux
Qui désiraient pour la Terre, le mieux de tout :
Voir la Terre sans cesse verte et fleurie,
D'une Terre qui donne vie.
Faite d'une herbe, où il fait bon se rouler
Et respirer son haleine parfumée.
Chacun des chefs vivait dans une grande maison

Et s'appropriait ainsi les quatre saisons.

Vent du Sud avait cinq enfants
Une fille et quatre fils de ce vent :
L'aîné, *Grosse Pluie*
Le second *Nuage gris*
Le troisième *Eau jusqu'au genou*
Le quatrième *Rase motte*,
Étaient les quatre fils de ce vent si doux.
La fille de loin, la moins despote
Portait le nom brillant comme l'or
Et doux et clair de *Brise d'Aurore*.

Vent d'Est avait deux fils toujours présents dans les histoires
Vent du soir,
Et *Face rouge*
Qui remuent et bougent.

Vent d'Ouest a deux fils et son affection partage
Entre *Vent du Large*
Et *Nuage Rose*,
Qui disposent
Des couleurs dans le ciel.
Aussi *Vent d'Ouest* chante et étincelle.

Vent du Nord avait des jumeaux :
Un garçon :
Glaçon.
Une fille qui donnait du froid jusqu'aux os
Et qui s'appelait *Glace*.

Elle prenait beaucoup de place.

Lorsque glaçon fut en âge d'être marié
Son père choisit qui il épouserait :
Brise d'Aurore
Avec ou sans son accord.

Pour cela,
Verglas,
Il envoya
Faire la demande en mariage.
Brise d'Aurore fut prévenue sans avantages.

Elle pleura doucement quand elle connut celui
Qu'on lui destinait pour mari.
Et depuis tous les brins d'herbe chagrinés,
Se couvrent de larmes de rosée.

Le mariage fut célébré en grande foule pour sa fille,
Et furent invités tous les autres vents avec leur famille.
Si bien que pendant quatre jours la pluie tomba
D'abondance sur le pays froid.

Brise d'Aurore se lia d'une amitié sûre
Avec sa belle-soeur *Glace*, fraîche et pure.

Mais un beau matin, *Vent du Nord*
De mauvaise humeur, se mit à souffler de tout son corps.
Les rivières s'immobilisèrent,
La Terre devint comme pierre.

Le monde se couvrit de neige, et de grande misère.
Les arbres craquèrent
Et les Loups hurlèrent
De faim
C'était une grande colére
Que ce matin.

Alors *Brise d'Aurore* eut terriblement froid
Surtout près de son mari, qu'elle n'aimait pas.
Chaque fois que celui-ci l'embrassait,
Elle manquait de mourir inanimée.

Un jour assise au bord de la mer,
Elle voulut parler à son père :
Elle eut l'idée de lui envoyer un message,
Pour qu'il l'aide et sèche son visage,
Inondé de pleurs,
Oui, elle était dans un grand malheur.

Elle dépêcha un émissaire,
Un Canard,
Qui traversa les mers
Jusqu'à ce que *Vent du Sud* lui accorde un regard.

Celui-ci vit le Canard qui nageait en rond
Et multipliait les plongeons.

Le Canard lui dit :
" *Ta fille a le sourire gelé*
Et comme elle est toujours triste, son mari va la chasser

À la prochaine Lune de sa maison et de sa vie ".

Vent du Sud expliqua à ses fils son désir
De voir leur soeur revenir.

Grosse pluie, le fils aîné
Partit le premier.
Sous la forme d'un épais nuage noir
Mais *Les gens du Nord* de l'apercevoir.

Le changèrent en grêle,
Pourtant *Brise d'Aurore* resta fidèle
À son espérance,
C'est alors que s'avance,
Nuage gris, qui fut vu de *Brise d'Aurore*.
Elle le reconnut et se réjouit si fort
Qu'elle attira l'attention de son beau père
Nuage gris qui sans aucune prière,
Le changea en neige,
Mais *Brise d'Aurore* fut délivrée
Du foid et de son cortège.

La danse des herbes. Légende pied-Noir.

Au conseil de la tribu,
Le chef *Long-Couteau* dit à *Gros-Loup* :
" *Deux Lunes ont passé depuis la denière battue*
Nos gens ont faim de viande de Caribou.
Quand les Hiboux et les Chiens de prairie iront se coucher,
Tu iras à la recherche des Bisons,
Et tu reviendras me dire, de quel côté les trouver.
Leurs viandes a la chair et le sang bons ".

Gros-Loup explore la plaine, il est parti
Au moment où le Soleil se prépare à rentrer sous son tipi.
C'est alors qu'il trouve ce qu'il cherche dans un vallon
Un important troupeau de Bisons.

Il revient maintenant
Vers le camp.

Comme le crépuscule s'achève,
Il entend des sons inconnus,
Non, ce n'est pas un rêve,
C'est bien le bruit d'une tribu :

Ils sont différents de ceux des *Pieds-Noirs*
Ils sont plus doux, mieux rythmés,
Et maintenant descend le soir,
Gros-Loup regarde au loin et croit distinguer
Une foule qui s'agite en cadence
Au bord d'un étang, un peuple qui danse.

Il se dit : des Hommes qui dansent sans tambour de guerre
Ne sont pas dangereux, ils sont comme en prière.

À mesure qu'il se rapproche de l'étang,
Les sons deviennent plus distincts, plus francs.
Gros-Loup est envahi par ce qu'il entend et ce qu'il voit.
Et commence par marquer la mesure au pas
Si bien qu'il se met lui aussi à danser
Il est presque en transes, ennivré.

Il tourne en rond, comme dans les danses cérémoniales
De sa tribu natale,
Suivant toujours l'étrange musique et la vision de cette foule
Il est comme sous l'emprise d'une houle.

Gros-Loup a dansé une partie de la nuit,
Puis est tombé sur le sol épuisé, transi.

Le Soleil qui lui brûle les paupières
Le réveille avec son mystère.

Il cherche en vain
L'endroit où les mocassins,
Ont couché l'herbe
Et rendu cette nuit superbe.

il ne trouve rien, mais la brise qui s'élève
Et qui semble s'agiter comme hors d'un rêve
Lui fait entendre la même musique que la veille,
Pourtant, il n'est pas plongé dans le sommeil.

Il n'est pas trop désappointé
Car il rapporte au camp une danse sacrée
Qui lui vaudra beaucoup de prestige
Ainsi que le mystère du vertige.

La boîte magique. Légende micmac.

Un couple d'Indiens avait quatre fils,
Le plus jeune était surnommé *Nou-jéké-Sigou*
Il était le plus malheureux des fils,
Car maltraité par ses frères Sious.

Ils n'en n'étaient jamais satisfaits,
Et ils le battaient.
Et ne lui donnaient que des os à ronger.
Nou-jéké-sigou a la vision d'un Corbeau ensanglanté,
Se dit en lui-même
Ainsi sera la Femme que j'aime :
Elle aura les cheveux de la couleur du Corbeau
La blancheur de la neige sera la couleur de sa peau
Et à la pensée de sa bouche : désir ardent,
Les lèvres rouges comme le sang.

Il demanda à sa mère, si une telle fille existait
Elle lui répondit : " *Oui, en toute vérité :*
Mais elle habite très loin
Et aucun homme n'a vu, ni touché son sein ".

" *Je la verrai*
Et je l'épouserai ".

Il demande à sa mère
En cornouiller rouge de lui faire
Un arc et une flèche qu'il tira en l'air.

Du côté où le jour se lève, ainsi fut tiré la première
Et courut derrière,
Il arriva à l'endroit où elle s'était fichée en terre
La seconde fois en même temps
Et la troisième fois, un peu en avant.

Il tira et courut ainsi tout le jour
Et recommença le lendemain de ce jour.

Les trois frères apprirent qu'il était parti
Ils se mirent en route pour le ramener au logis.
En se promettant
De le punir durement.
Ils marchèrent trois Lunes durant
Et revinrent sans.

Nou-jéké-sigou rencontra un Vieil Indien
Aux yeux très brillants qui demanda d'où il vient.
Il lui répondit : " *De nulle part* ",
L'Indien lui répondit :
" *De nulle part aussi* ".
(Mais où est ce nulle part ?)
Il poursuivit :
" *Je marche depuis que je suis*
Tout petit ".

" *Et où vas-tu ?,*
D'où viens-tu " ?
L'Indien : " *C'est loin, très loin, mes mocassins sont usés*
Troués et tout mouillés ".

Le jeune Homme dit : " *Passe-les moi, je sais quoi faire*
Je vais les réparer et t'offrir une autre paire ".
Le cadeau plut au Vieil Indien
Et offrit à son tour une boîte en écorce de sapin.
En lui disant : " *Cette boîte te sera utile en voyage* ".
Nou-jéké-sigou ne savait pas à quel point cette parole était sage.
Ils se séparèrent au nouveau jour
Sans discours.

Le Vieux continua de marcher
Mais dans la direction opposée
De celle de *Nou-jéké-sigou*,
Qui allait du côté où le jour se tient debout.

Le jeune Homme fut saisi par la Force
D'ouvrir la boîte en écorce.
Il vit un vieillard à l'intérieur
Rabougri et tout en sueur.
Qui dansait
Sur des pieds palmés,
Et qui lui cria sans s'arrêter :
" Et bien ! Qu'est ce qu'il y a ? Que me veut-on encore " ?
" *Je veux*, répondit *Nou-jéké-sigou* :
Aller à l'endroit où
Le vieil Homme est arrivé d'abord.
L'endroit d'où le vieil Homme est parti ".
Le vieillard tout en sueur lui répondit :
" *Ferme la boîte, tu me donnes chaud, et me fais mal aux yeux* ".
Le jeune Homme obéit à ses voeux,
Et aussitôt le couvercle rabattu,

Il tomba comme mort et fut,
À son réveil, couché à l'entrée d'un village.

Il entra dans la première loge et découvrit une femme au visage
Près du Feu qui se mit à pleurer :
" *Encore un brave jeune Homme que le chef va tuer … *"
" *Pourquoi voudrait-il me sacrifier *" ?
" *Parce qu'il ne veut pas donner sa fille en mariage*
Il réclame de si dures ouvrages
Et de si dures conditions,
*Que tous meurent de cette façon *".
" *Je suis venu de nulle part pour l'épouser*
*Et je le ferai même sans son consentement *".
Il se rendit directement à la loge de celui qui devrait le tuer
Et lui dit : " *Chef, je suis venu de très loin pour épouser*
*Celle qui est ta fille, acceptes-tu *" ?
" *Oui *", dit le chef qui se réjouissait d'avoir un nouveau venu
Destiné à mourir, très vite ;
" *À la condition que tu fasses disparaître la montagne de granit,*
*Elle me cache les lueurs du jour *".
Nou-jéké-sigou ouvrit la boîte à la fin du jour
Il demanda de faire disparaître la montagne qui cache la clarté
Le vieillard lui répondit sans psalmodier :
" *Tu peux dormir sereinement *".

Au matin la montagne avait disparu totalement.
Le jeune Homme retourna chez le père de la désirée
Et dit : " *Puis-je l'épouser *" ?
" *Oui, mais à une condition : débarasse-moi de la tribu ennemie*
*Qui campe à deux Soleils de marche d'ici *".

Nou-jéké-sigou répondit : " *Rassemble tes guerriers*
Et laisse-moi en être le premier ".

Il se cacha et attendit que le jour soit couché
Puis il ouvrit la boîte du vieillard-Sorcier,
Et lui fit part de son nouveau défi :
" *Tu peux dormir tranquille* ", il lui répondit.
La Lumière du jour revenue
Il constata que les habitants n'étaient plus.
Il alla chez le chef et lui dit
" *J'ai détruit tout tes ennemis,*
Ta fille est à moi ",
Le chef voit.

Il se dit, le jeune Homme était certainement
Aidé par un Téomul puissant.
Lui-même était un Bou-Hine, un mauvais génie
Qui gardait prisonnière la jeune Femme,
Qu'il appelait sa fille, à sa merci.
Et dont il emprisonnait le corps et l'âme.
Il ramassa tous ses pouvoirs
Se transforma en un énorme serpent noir,
La tête armée de deux cornes
Aussi maléfique
Que bénéfique
Est la Licorne.

Le jeune Homme le vit arriver
Il ouvrit sa petite boîte sans tarder
Le vieillard rabougri protesta :

" Que viens-tu chercher là " ?
" Que tu me dises dans quelle partie
De son corps ce serpent cache sa vie ".

" Si ce n'est que ça : Il cache sa vie dans sa queue ".

Le serpent noir
Approchait rapidement
Sûr cette fois de sa victoire,
Le jeune Homme avait avec lui, la Force des *Grands*.

Le jeune Homme lui décocha sa flèche rouge,
Dans la queue et le tua raide sans qu'il bouge.

Tout le village se réjouit de cette mort
Et souhaita qu'il reste encore
Et prit le commandement du camp
Mais il refusa en disant simplement
Qu'il était venu chercher l'Amour,
La Femme qui s'appelait : " *Première clarté du jour* ".

Origine du scalp et de la danse du soleil. Légende pikuni.

 Un guerrier *Gros-Ventre* avait ouvert le visage d'un coup de lance
Au pauvre *Po'ia*, il était dès lors laid, triste et sans chance :
Il ne possédait ni tipi, ni robe de fourrure sacrée
Ni provision de viande séchée.

Il était pauvre, c'est pourquoi il habitait
Avec sa soeur à l'extrémité
Du camp,
Loin mais vaillant.

Il allait souvent à la chasse
Il vit la fille du chef assise à sa place
Qui brodait des mocassins,
Devant le tipi de son père comme chaque matin.

Elle était si belle, qu'il souhaita de toute son âme
La posséder et la prendre pour Femme.
Il envoya sa soeur demander à la Femme qui le rendrait heureux
Si elle viendrait s'asseoir à son Feu.

Elle dit à la messagère :
" *Ton frère*
M'épousera quand son visage sera aussi clair
Que la surface d'un lac à l'abri des courants et des airs ".
Po'ia rassembla son courage et courut chez le Sorcier
Pour qu'il lui donne un visage lisse comme un nouveau né.
Mais il s'avoua impuissant et l'envoya chez Soleil là-bas
Celui qui fait toutes choses, car lui seul peut aider *Po'ia*.

" *Bon j'irai trouver Soleil* ", déclara le Balafré,
Il prit ses armes et partit dans la direction de la nuit d'été.
Il traversa
Le pays plat,
Franchit des rivières
Escalada des montagnes de pierre.
Et finit par arriver au bord de la *Grande Eau*,
Là, il construisit un abri fait de peaux
Et s'y enferma pour jeûner
Et aussi pour prier
Les Esprits de lui venir en aide.
Sa volonté était franche et raide.
Il vit s'ouvrir un soir
La loge de *Celui qui éclaire très tard*,
Et donne à la Nature des couleurs vermeilles,
C'était le *Grand Esprit Soleil*.
Po'ia reprit ses armes et se mit en route sans histoires
Sur la piste *Po'ia* rencontra des Hommes de plus en plus noirs
Qui lui conseillèrent de rebrousser chemin,
" Il te brûlera sûrement, si tu vas plus loin ".
Un matin, il vit un bel arc tout blanc
Il n'y toucha pas et continua de l'avant.

Il fit la rencontre d'un jeune Homme fort beau,
Qui lui demanda s'il n'avait pas trouvé un arc blanc
Celui-ci le conduisit à l'endroit des Esprits hauts,
Là où se trouvait l'objet et ses apparats troublants.

Les deux garçons devinrent amis
Et ce fut pour *Po'ia* un bonheur inouï.

Le jeune Homme était *Apicira*, l'Étoile du matin
Pendant qu'ils allaient tous deux sur le chemin
Apicira demanda au Balafré
Vers quel endroit il se rendait.

" *Chez Soleil, par amour pour un être de satin* "
" *C'est mon père,* dit Étoile du matin …
Je t'avertis quand il voit un étranger,
Il le brûle à en pleurer.
Mais je demanderai à Lune ma mère
De parler en ta faveur à mon père ".

Apicira présenta le Balafré à *Kokomis*, sa mère en disant :
" *Ce jeune Pied-Noir est mon ami depuis quelque temps*
Je le voudrais comme compagnon
Veux-tu demander à mon père la permission
De le garder
Sans le brûler " ?

Lune y consentit : " *Mais il faut d'abord le cacher*
Sinon ton père en le regardant va le tuer ".
Elle enroula *Po'ia* dans un nuage très léger
Et le cacha dans un coin de la loge partagée.

Bientôt Soleil parut à l'entrée devant la porte
Et dit : " *La chair que je sens sera morte.*
Tu caches quelqu'un ici
Ne me réponds pas non, dis-moi que oui ".

" *Oui,* avoua Lune, *il y a un pauvre garçon*

Que notre fils désire pour compagnon.
Il s'appelle le Balafré
Et tu le prendras en pitié ".

" Fais de la fumée
Que je puisse regarder cet étranger
Sans d'un seul coup le tuer ".

Le Balafré sortit de la cachette de son creux
Et se tint en tremblant de l'autre côté du Feu.
En voyant ce pauvre Balafré,
Soleil en eut pitié.
Il dit : " *Tu peux rester*
Et prendre le temps de chasser
Avec notre fils.
Remercie Kokomis ".

" *Mais n'allez pas près du lac qui est au Nord*
Il y a des oiseaux qui pourraient vous nuire
Et si je suis là encore
C'est parce que j'ai réussi à les fuire
En passant par le Sud.
Faites comme moi et garder cette habitude ".

Un matin *Apicira* avait oublié la recommandation de son père
Et voulut aller chasser près du lac au mystère
Et au danger de mort,
Le lac qui est au Nord.
Le Balafré eut beau lui rappeler
Qu'il y avait là un danger

Il s'entêta dans sa décision et partit le premier.

Comme *Apicira*
Traversait un petit bois
Sept grues énormes l'attaquèrent
Et sur lui se jetèrent.

Balafré accourut et déploya sa vieille robe de Bison
Il les laissa attaquer sans frisson
Car avec son *Tomahawk*, il les assomma un à un
C'est ainsi que le combat prit fin.

De retour à la loge *Apicira* raconta l'histoire à son père
Et comment le Balafré les sauvèrent
De l'attaque des sept grues et de leurs défaites
Celui-ci dit : " *Je ne le croirai que lorsque j'aurai vu leurs têtes* ".

Le Balafré alla les chercher
Et par la suite tout guerrier
Dut rapporter le scalp de l'ennemi qu'il avait tué
Comme preuve de son combat gagné.

Soleil voulut remercier *Po'ia*
Et celui-ci vit l'issue de ses exploits.
Enfin, se dit-il je vais pouvoir aimer
La Femme pour qui j'ai accompli toute cette épopée.

" *Je voudrais ne plus voir la cicatrice qui traverse mon visage*
Afin de sembler plus aimable, plus beau et plus sage ".
" *Oui, refaire ton visage est facile*

Mais, concernant la fille du chef c'est plus difficile ...,
Mais nous en reparlerons
Je crois que je commence ma mission ".

Soleil fit entrer *Po'ia*
Dans la loge, y jeta
Le bout de l'un de ses cils
Et tout devint facile.

Aussitôt, la loge fut entourée
D'un nuage qui aussitôt dissipé.
Devait amener la joie
À *Po'ia*.
Soleil fit sortir le Balafré,
Qui avait bien mérité
La nouvelle apparence
Qui remplissait toute son espérance.

Il le conduisit avec son fils
Devant *Kokomis*
Et dit : " *Dis-moi maintenant lequel est ton fils* ".

Lune, ne put le dire : les deux garçons se ressemblaient
Comme deux gouttes de rosée.

Le lendemain des nuages noirs s'interposèrent
Entre le *Monde d'En-Haut* et *Celui d'En-Bas*.
Soleil alla à la chasse avec les deux garçons, presque frères.
Après une marche stérile, le Balafré demanda :
" *Quand mangerons-nous* " ?

" Tout de suite, quand nous le voulons ".
Po'ia aperçut le camp d'où il était parti,
Les jeunes gens y jouaient au crosse, plein de joie.
Soleil lui montra un petit garçon et lui dit :
Que quelque chose d'étonnant se passera.
Po'ia observa la scène avec attention
Tout à coup l'enfant fut pris de convulsions.
Le Sorcier appelé par les parents
Conseilla d'immoler un chien blanc.
Il s'en trouvait justement un parmi les enfants
Il fut sacrifier, *Po'ia* très surpris
De voir l'enfant aussitôt guéri.
" Tu vois, dit *Soleil* au Balafré :
Voici la vérité,
On vous fait croire que c'est le Chaman et sa magie
Qui soigne les malades et délivre et guérit …
Mais c'est moi qui rend la santé et la vie
Aux Hommes quand leur espoir est parti
Et qu'ils m'ont offert cadeau et prière
Ce que j'attendais et qu'ils m'ont offert ".
" Tu cherches la fille du chef et tu ne la vois pas :
Elle est couchée
Avec le fils du sorcier
Qui l'a envoûtée.
Mais surtout, ne la regrette pas
Car elle ne vaut rien
Tu mérites un autre destin.
Tu as mieux à faire dans le Monde d'En-Bas
Et je vais t'apprendre des chants et des danses que tu montreras
À tes frères. Et un grand chef tu deviendras

Et tu auras toutes les femmes que tu voudras ".

" Mais comment me rendre parmi les miens " ?
" Tu suivras la piste que les oiseaux ont choisi pour chemin
Du Nord au Sud et du Sud au Nord
Et tu retrouveras les tiens
Qui se trouvent là encore.
C'est par là que tu reviendras retrouver
Étoile du Matin, quand Le Grand Esprit décidera de te ramener
Parmi nous ".

Mythe Pikuni de la création.

Ce sont les *Esprits d'En-Haut*
Qui ont envoyé la *Grande Eau*
Couvrir le *Monde* d'*En-Bas* il y a longtemps
Celui que les Peaux-Rouges habitaient auparavant.

Le Vieil Homme *Napiwa*
Qui a fait notre île flottante
Faite avec un grain de sable de là-bas.

Napiwa était sur un radeau
Avec *Nanosse*, la Vieille Femme
Et tous les Animaux
Arche primitive sur les eaux, les lames.

Il envoya d'abord la Loutre qui plongea
Au Soleil levant,
Et quand elle remonta
Au Soleil couchant,
Elle était inanimée.

Le Vieil Homme dit au Castor de plonger
Au bout de deux Soleils et deux Nuits,
Le Castor remonta sans vie.

Napiwa demanda ensuite au Rat musqué
À son tour de plonger.
Le Rat musqué resta quatre Soleils absents
Quand il revint à la surface, il n'était plus vivant.

L'une de ses pattes de devant était fermée
Napiwa l'ouvrit et y découvrit caché
Un grain de sable, et en fit une île : première pangée.

Quand il la crut assez grande et aboutie
Il envoya un jeune Loup regarder où allaient ses frontières
Mais le Loup y laissa sa vie
Et mourut de vieillesse avant d'avoir exploré toute la Terre.

Satisfait le Vieil Homme partit avec *Nanosse* en voyage
Tous deux suivaient une rivière
Quand la Vieille Femme dit au Vieux Sage :
" *Grande et belle est cette Terre.*
Si nous faisions d'autres Hommes pour la peupler " ?
" *Je veux bien*, dit *Napiwa*, *mais c'est moi qui parlerait le premier* ".
" *Convenu*, dit la Vieille Femme. *J'aurai moi le dernier mot* ".

Lequel des deux aura le dernier verbe haut ?

" *Je commence,* annonça *Napiwa* :
Les Hommes seront en bois
Et pousseront comme les arbres des forêts
Ils dresseront leurs têtes vers l'immensité ".

" *Non !* dit *Nanosse, ils seront faits de chair*
Et se reproduiront comme les animaux de notre Terre ".
" *Qu'il en soit ainsi,* dit *Napiwa,*
Mais ils auront le visage carré,
Le visage à angles droits
Les yeux et la bouche placés verticalement

Et les oreilles de chaque côté du nez ".
" Non ! dit Nanosse, les Hommes auront le visage arrondi
La bouche de travers comme dans un pli
Et les yeux de chaque côté du nez
Leurs oreilles seront placées de chaque côté de leur face
Et ainsi ils pourront écouter
Venir de n'importe quelle place
Leurs ennemis ".

Napiwa dit : " Qu'il en soit ainsi
Mais ils auront quatre bras
Quatre jambes et dix doigts
À chaque mains fléchies ".
" C'est beaucoup trop rétorqua sa vis-à-vis
Ils auront deux jambes, deux bras
Et quatre doigts
Et un pouce à chaque mains fléchies ".
Napiwa dit : " Qu'il en soit ainsi
Mais les Hommes n'auront pas besoin de se vêtir ou de manger
Ils resteront tout le temps avec chacun leurs aimées
Et joueront avec leurs enfants
Bien doux, sera leur temps ".
" Non ! Non ! dit Nanosse, les Hommes s'ennuieraient
En ne faisant rien, et leurs Femmes se fatigueraient
De les voir sans cesse à leur côté,
Les Hommes chasseront tout le jour
Et ne reviendront au tipi qu'au Soleil couchant, comme toujours,
Durant ce temps les Femmes ramasseront
Du bois
Et des noix

Des fruits et des racines cueilleront,
Feront sécher la viande de Bisons
Et tanneront les peaux
De tous les Animaux,
En travaillant, elles penseront à eux sans mot dire
Et seront contentes de les voir revenir ".

Napiwa dit : " Qu'il en soit ainsi, mais les Hommes et les Femmes
Garderont pour toujours leurs âmes,
Ils ne mourront pas
Et seront toujours là ".

" Non, dit Nanosse, il est préférable qu'ils meurent,
Sinon, ils ne connaîtront jamais le bonheur
Et deviendraient trop nombreux
Pour se nourrir et être heureux ".

" Il n'est pas entendu qu'il en soit ainsi ", dit Napiwa à son tour
" Si " ! dit la Vieille Femme
" Non " ! dit le Vieil Homme à nerfs presque courts
" Je te dis que oui ", dit la Vieille Femme.

" Bon ! bon ! , nous allons régler la question
Dit Napiwa, d'une autre façon :
Je vais jeter ce copeau de bois sur l'eau
Et le destin sera définitivement nouveau
S'il flotte, les Hommes mourront pendant quatre jours
Puis reviendront à la vie pour toujours ".

Le copeau de bois fut jeté à l'eau

Et flotta.
" *Tu vois*, dit *Napiwa*,
Le destin a choisi le lot
De l'Homme ".

" *Non*, dit *Nanosse, nous ne déciderons*
Pas la chose de cette façon,
Je vais jeter une pierre à l'eau, si elle flotte les Hommes
Mourront pendant quatre jours, mais ces mêmes Hommes
Continueront de vivre jour après jour
Si elle coule, ils mourront pour toujours ".

Quand la pierre fut jetée à l'eau
Elle coula aussitôt.
Nanosse dit : " *Les Hommes auront entre eux plus de sympathie*
Ils ne seront plus ennemis.
Parce qu'ils connaîtront le prix de la vie ",
Napiwa dit : " *Qu'il en soit ainsi* ".
Plusieurs Lunes plus tard, *Nanosse* mit au monde une enfant
Qu'elle aima beaucoup et longtemps.
C'est alors qu'elle regretta son manque de réflexion
La dureté de ces décisions,
Était-ce une punition ?
Car quand l'enfant devint en âge de l'aider
Dans ses travaux, elle partit de l'autre côté.
Ainsi, concernée personnellement à son tour
Par le choix de la mort pour toujours,
Elle alla trouver *Napiwa* et lui proposa :
" *Si nous reprenions*
La fameuse question

Pour laquelle nous n'avons pas trouvé d'accord :
L'interrogation de la vie de l'Homme et de sa mort " ?

" *Non*, dit le Vieil Homme, *la question a été réglée.*
Ce qui a été fait reste fait ".

Origine de la médecine. Légende pikuni.

Autrefois, avant que le premier monde habité
Soit couvert de l'Eau du matin
Les Hommes et les Bêtes vivaient en fraternité :
Ils ne se voulaient que du bien.

Mais après que le Vieil Homme *Napiwa*
Eut fait notre pangée
Les Hommes se multiplièrent tant à la fois
Qu'ils prirent la place des Animaux sans méchanceté.

Ceux-ci durent chercher d'autres territoires de chasse
Car, au profit de l' Homme ils avaient perdu leur place.

L'Élan choisit d'habiter les forêts
Du côté d'où vient l'hiver gelé,
Le Bison conduisit sa famille dans la Grande Plaine
Où, il fut rejoint par l'Ours Gris, le Loup Rusé et l'Antilope Reine.
Le Mouflon et la Chèvre Sauvage gagnèrent les hautes Terres
Et beaucoup de petits Animaux choisirent de vivre sous Terre.

Ainsi peu à peu les Hommes et les Bêtes cessèrent de se parler
De se comprendre et de s'aimer.
Ce fut pire encore quand les Hommes eurent des armes
Toute paix cessa avec les Animaux, et aucun charme
Ne les empêcha de les tourner d'abord sur les Animaux
Puis sur eux-mêmes, désormais maîtres de la mort, qui arrive toujours tôt.

Puis ils prirent l'habitude de posséder tout sur Terre
Tuer leurs anciens amis, se nourrir de leur chair,
Et de se vêtir de leurs peaux
Et chaque Soleil vit couler le sang sans sanglots.
La fin de cette amitié appela vengeance
Les Animaux n'avaient plus d'espérance.

Les premiers à tenir conseil
Sur la façon de punir les Hommes devenus ennemis
Furent les Ours, qui aiment tant les abeilles
Maintenant, ils devaient sauver leur vie.
Grand Ours Blanc écouta leurs orateurs
Évoquer la fin des temps de bonheur,
Dénoncer la manie sanguinaire
Des Hommes et les inviter à leur déclarer la guerre.

Les jeunes Ours de deux ou trois ans
Voulaient marcher immédiatement
Contre l'ennemi
Sans peur, un vrai défi.
Grand Ours Blanc les retint et les éloigna du danger
En leur rappelant que les Hommes étaient armés
Et qu'eux ne l'étaient pas
À leur grand désarroi.
" *Pourquoi n'aurions-nous pas des arcs et des flèches nous aussi*
Pour sauver nos vies " ?
Demanda une vieille Ours qui avait
Déjà été blessée
À son grand malheur
Par un Homme-chasseur.

Nous savons de quel bois ils sont fabriqués
Et de quelles pierres pointues ils font l'usage
" *Notre soeur a bien parlé*
Armons-nous " crièrent les jeunes Ours pas encore sages.

Et avant que *Grand Ours Blanc* put les arrêter
Ils étaient partis à la recherche des matériaux pour les fabriquer.
Des pierres de silex et du bois de frêne,
Ils voulaient s'armer et étaient plein de haine.

Ensuite l'un des leurs se sacrifia
Et ses tendons pour les cordes d'arc, il donna.
Les Ours jugèrent prudent de s'exercer au tir,
Certes, ils avaient une grande peur de mourir.

Leurs longues griffes les gênaient
Et les empêchaient
De tirer droit
L'un d'eux ayant proposer
De les couper,
Grand Ours Blanc déclara
Que sans griffes il leur serait impossible de se nourrir :
De déchiqueter les troncs pourris,
Où campent les Fourmis
Et de déterrer les Marmottes et les Lapins
Autrement dit, ils mourraient de faim.
Cette remarque calma l'ardeur des plus farouches guerriers
Et l'assemblée en choeur
Demanda à *Grand Ours Blanc* de les conseiller
Ils étaient tous plein de rancoeur.

" *Après avoir pensé de tous les côtés,* dit *Grand Ours Blanc*
J'en suis venu à la conclusion, le plus sagement
Que les Hommes seront toujours plus forts
Et qu'une lutte ouverte ne nous causerait que du tort ".

" *Voici donc ce que je propose pour l'honneur de notre tribu :*
Quand les Hommes vaincront l'un de nous, il y aura une issue
Ils devront lui faire des excuses et offrir un sacrifice de tabac
Avec humilité et sans tracas,
À son esprit
À ceux qui manqueront à ce devoir de courtoisie,
Nous passerons le mal qui afflige nos vieillards
Ils souffriront dans tout leur corps,
Et ne pourront plus marcher dès lors ".
Tous les Ours approuvèrent cet arrangement
Et depuis tout chasseur s'excuse, craignant
La souffrance
Provoquée par leur violence.
Ensuite ce fut le conseil des reptiles et des poissons
Ils arrêtèrent que les plus laids d'entre eux, seront
Présents dans les rêves des êtres humains.
Pour vivre des lendemains sereins,
Ils feraient intervenir les Chamans qu'ils pairaient très chers
Pour retrouver des nuits douces et pleines de prières.
Puis vint le tour des Insectes et des petits Animaux
Ils souhaitaient se venger des Hommes qui les méprisaient
Les tuaient sans gêne, en les regardant de haut.
Ce fut le Pou qui trouva un point d'arrêt.
Il suggéra à ses petits frères
De communiquer aux Hommes, toutes les maladies dans l'air

Et les coins sombres.
En effet, ce sont les Bêtes de l'ombre.
Les Plantes qui ont des espions dans tous les coins
Étaient au courant du complot des humains ;
Ils tinrent conseil à leur tour, ils furent l'exception :
Et trouvèrent une plus que pacifique solution.
Ils étaient plus qu'amicaux envers eux :
Ils leur souhaitaient ce qu'il y a de mieux.
Et de les défendre face à leurs ennemis
Aussi longtemps qu'ils auraient de la vie.
Les Arbustes, les Herbes et même les Mousses
S'engagèrent donc à fournir des remèdes
Pour rendre la vie plus douce
Et de venir en aide
À tous les maux que les Animaux pourraient infliger,
Les Plantes ne concevaient pour l'Homme que de la fraternité.
L'Hêtre promit de garder ses feuilles pour guérir l'eczéma
Une maladie cutanée qui fait de la beauté peu de cas.
Le Groseiller offrit de guérir l'inflammation des poumons
Il veillait à l' Homme et à sa respiration,
Le Cornouiller se chargea des conjonctivites
Des plaies aux flammes insolites.
Il se chargea également des plaies de raquettes
Le Cornouiller était une vraie conquête
Pour l'humain
Voué à corps et à bien.
Le Genévrier dit qu'il arrêterait les palpitations de coeur
Ainsi, il rendrait le calme à l'Homme dans ses heures de labeur.
L'Oignon des bois dit qu'il guérirait l'asthme et ses suffocations
Comme le Groseiller, l'Oignon des bois veille à la respiration.

L'Épicea noir qu'il combattrait le scorbut et veillerait à sa nutrition
L'Homme trouvant ainsi une panacée à sa sous-alimentation.

Ainsi, les Plantes se concertèrent
Et toutes ensemble, décidèrent
D'aider le Chaman dans son choix
Lorsqu'il devra soigner une maladie inconnue.
Cherchant à remédier à ce qui tue
Il n'aurait qu'à invoquer les Plantes et leurs Esprits,
Trouvant en eux, choix pour sauver les vies.

Soleil et terre, mythe salish

Le *Très Ancien* qui habite le monde supérieur
Se lassa de regarder en bas et de ne voir que l'absence au fil des heures
Il prit une poignée de la matière
Transparente mais pas encore Terre.

Il la jeta dans l'espace
Où elle resta suspendue
Dans un ciel vierge, sans traces
Elle flotta un instant, devenu
À la fois néant,
Et plein instant.

Il constata que le monde était vide
Il fit des êtres semblants Hommes
Il les appela : *Soleil*, *Terre*, *Lune* et *Étoiles* pour combler en somme
Ce monde sec et de toute forme de vie aride.
Il les fit lumineux et sans envie de guerre,
Soleil était marié à *Terre*,
Lune et *Étoiles* étaient leurs parents
Et c'était là de difficiles enfants :

Terre n'aimait pas *Soleil* et lui menait la vie dure,
Elle lui reprochait toutes ses allures
Elle le trouvait trop chaud, soit
Elle le trouvait trop froid.

À la fin, il se lassa
De ses colères

Et il s'en alla
Loin de sa femme et des misères
Qu'elle lui infligeait
Ce fut pour lui, une nouvelle destinée.

Lune et *Étoiles* le suivirent
Restée seule, *Terre* s'ennuya à mourir.
Et se reprocha d'avoir fait partir son mari
Et regretta amèrement son attitude envers lui.

Le *Très Ancien* vit qu'elle se repentait
Et, elle lui fit vraiment pitié.
Alors il ordonna à *Soleil, Lune* et *Étoiles*
De remédier à ce mal :
Rester visibles à Terre,
Pour qu'elle puisse être moins amère.

Il n'est pas bon que *Terre* s'ennuie
Il précisa à *Soleil* : " *À la nuit :*
Tu iras rejoindre ta Femme ainsi qu'il convient
Et tu lui feras les petits enfants dont j'ai besoin ".

Il donna à *Soleil, Lune* et *Étoiles*, leur forme actuelle
Et le *Très Ancien* transforma *Terre* qui devint fort belle :
De sa chair, il fit le socle sur lequel nous marchons,
De ses os, les pierres qui supportent notre monde jusqu'à l'horizon,
De son sang, l'eau qui désaltère et purifie
De ses cheveux, les arbres et les fleurs si jolis.

" *Désormais,* lui dit-il *tu seras la mère*

De tout ce qui peuple, toi la Terre :
De tout les êtres qui rampent, nagent marchent ou volent.
Du plus grand à la plus petite bestiole.
Tous vivront de toi
Et en toi.
De toi, ils tireront leur nourriture, car tu es généreuse
Ils dormiront sur tes genoux, et Soleil te rendra heureuse.
Le Soleil te fécondera
Il aura beaucoup d'enfants de toi.
Des enfants qui te traiteront parfois durement,
Et souvent t'oublieront nonchalamment.
Mais tu finiras par les retrouver
Quand ils se coucheront pour l'éternité.
C'est ta chair qui les couvrira
Et sous cette couverture tu les auras bien à toi ".

L'homme invisible, légende micmac.

C'est peut-être vrai, c'est peut-être faux
Mais voilà, ce que j'ai entendu le verbe haut,
Un soir d'hiver près du Feu
Un récit qui s'acheva heureux.
Une jeune étrangère demanda à un chef Micmac
De camper sur son territoire, aux beaux lacs
Précisant qu'elle était accompagnée de son frère
Mais qu'il avait reçu de son Téomul sans prières
Le pouvoir de demeurer impercevable
Il était *Kak-tou-oua-sis*, le Très Honorable
Sa soeur : *Numis-cal*
Avait le rire très musical.
Kak-tou-oua-sis construisit une grande loge
Qui de tous les mystères à venir s'arroge.
Il la remplit de viandes et de belles fourrures
De couleurs et de qualités très pures.
Il était bon chasseur
Mais invisible à toute heure.
Puis il fit annoncer
Par sa soeur qu'il épouserait
Celle qui réussirait à le voir
C'était son grand espoir.
La première à se présenter fut la fille du Grand
Elle avait le désir vif et ardent
Et *Numis-cal* la fit asseoir
À la place d'honneur, ce soir.
À la fin du jour, le destin se jouerait
Quand les chasseurs revinrent de la forêt

Elle la conduisit sur la piste au-devant de son frère
Quelques Indiens chargés de gibier passèrent
Puis un quartier d'Élan
Vint, qui semblait glisser sous les vents.

*" Voici mon frère, peux-tu voir de quoi est faite
Sa sangle de partage " ?*
La fille du chef qui se croyait sage
Répondit : *" Sa sangle est faite de peau verte "*.
Qui pensait ainsi accéder à la grande découverte.
" Retournons à la loge, dit *Numis-cal*
À la jeune fille au langage musical
*Mon frère ne tardera pas à rentrer
Et peut-être le verras-tu mieux à cette veillée "*.
Elle parlait ainsi par politesse
Et fut soumise à d'autres épreuves, à toute vitesse.
Sans perdre un instant
La fille du chef entendit tomber le quartier d'Élan,
Vit se soulever la peau d'Ours
Aperçut deux mocassins qui avaient servi à la course,
Sécher au-dessus du Feu
Et quand le repas fut près pour eux
De la viande disparaissait
À hauteur de bouche, comme enchantée.
Mais elle échoua
Et ne le vit pas.
La fille du chef comprit
Qu'elle avait échoué,
Et retourna chez son père, cacher son dépit.
Elle était très affligée.

D'autres jeunes filles essayèrent
De devenir la femme de cet Homme extraordinaire,
Grand chasseur, qui rapportait tous les soirs
Beaucoup de viandes et de peaux : une gloire.
Numis-cal les conduisit au même endroit
Et de la même façon les interrogea :
" *De quoi est faite la sangle de portage de mon frère* " ?
Quelques unes en simplicité avouèrent
Ne rien voir
Mais sans desespoir.
D'autres essayèrent de deviner
Comprenant qu'il s'agissait d'un grand secret.
Mais à l'épreuve du repas
Elles non plus ne réussirent pas
À voir *Kak-tou-ouasis*
Ceci lui causa aussi préjudice.
Tout au bout du village
Vivait un vieil Homme, un peu sage
Et ses trois filles, deux paresseuses et jolies
Mais de tempérament fort maudit :
Elles faisaient faire à leur soeur
Tout le travail et labeur
Et la maltraitait,
Et la battait
À n'importe quelle heure
Quand elles étaient de méchante humeur.
La malheureuse se nommait
D'un nom qu'elle méritait :" *Ouchi-gué-aské* "
Celle qui est couverte de gales.
Et chaque coup lui faisait mal.

À la danse du maïs,
Toutes parlaient de *Kak-tou-oua-sis*
Que chacune voulait
Mais qu'aucune n'avait réussit à épouser.
Les deux soeurs d' *Ouchi-gué-aské*
Vaillantes et effrontées
En parlèrent
Et décidèrent
De courir leur chance ensemble,
Elles se firent belle, pour qu'il tremble :
Elles garnirent leur robe de jolis coquillages
Et se déplaçèrent avec beaucoup d'adage.
Elles demandèrent de participer au défi à *Numis-cal*
En ayant oublier ce qu'elles avaient fait comme mal.
Aux mêmes épreuves, aux mêmes questions
Elles échouèrent de la même façon.
En les entendant *Numis-cal* fut pris d'un rire
Elles rentrèrent et se vengèrent : en battèrent
Leur cadette *Ouchi-gué-aské* à mourir.
La jeune malheureuse eut un rêve
Enfin, dans son malheur une trêve
Un beau jeune Homme lui tendait les bras disant :
" *Viens je t'attends* "
C'est toi que je veux ".
Un songe bien doux et heureux,
Elle demanda à ses soeurs
D'avoir un peu de coeur
Et de lui prêter une robe, heureuse.
Les deux soeurs la traitèrent de malheureuse :
" *Comment peux-tu espérer réussir, telle que tu es ?*

Là où nous avons échoué " ?
Elles lui défendirent
De vouloir modifier son avenir.
Elle voulut obéir aux Esprits
Et décida de faire face au défi.
Elle s'apprêta un vêtement,
Tressa ses cheveux lentement
Chaussa les mocassins de son père
Et, partit le coeur plein de prières.
Elle prit le chemin de la loge des étrangers,
D'un pas vif et décidé.
Elle ressentait de la joie et fière
Elle n'entendait pas ceux qui se moquèrent
Numis-cal l'accueillit
Et la soumet au même défi :
Il s'avère alors qu'elle répondit
À la question
Sans réflexion
Et dit : " *La couleur de l'arc-en-ciel* ".

Mais elle ne se trouva pas assez belle
Elle alla pleurer
Mais aussitôt fut réconfortée :
Numis-cal lui passa les mains sur le visage
Et donna à sa vie de nouveaux avantages :
Sa face était de la couleur du pommier sauvage,
Sa chevelure et sa bouche, suaves.

Elle était aussi belle, qu'elle avait souffert
Numis-cal fut pris de son rire et fière,

L'amena dans le tipi
Et la fit si jolie :
Numis-cal l'habilla comme une princesse
Pleine de bonté, elle était une vraie déesse.
Elle la fit asseoir à la gauche du Feu
Aux côtés de l' Homme enfin heureux.

C'était le second défi,
Celui du repas interdit :
Elle entendit le quartier d'Élan
Tomber sur le sol
Et la peau d'Ours se soulevant :
Elle reconnut le jeune Homme de son rêve.
Elle savait fort bien qu'elle n'était pas folle,
Et elle cessa de trembler
Heureuse et récompensée.
Kak-tou-oua-sis la demanda pour Femme
Elle répondit : " Oui " avec son âme.
Il était content
Et voulut la présenter à ses parents.
" Là-haut dans mon pays
Tu verras changer toute ta vie,
Tu ne manqueras de rien
Tu verras, comme tu seras bien
Ma soeur, Pluie, nous partons tout de suite
Cache notre départ vite ".
Et *Petit Tonnerre*
Heureux et plein de prières
Prit sa nouvelle épouse dans ses bras
Et ce fut dans un grand fracas

Une forte pluie,
Un grand bruit
Que *Petit Tonnerre*, sa soeur et sa Femme
Disparurent corps et âmes
Ils ne mouraient pas :
Une nouvelle vie commença.

Mythe de la création des animaux, légende salish.

Au temps où le chef *Gitixam*
Régnaient sur le village habité de nombreuses âmes.
Longtemps avant que la *Grande Eau*
Couvre le *Monde d'En-Bas* sans repos,
Et inonde avec fracas.

La lumière blanche n'existait pas
L'espace était noir,
Et l'horizon fort rare.

Gitixam avait deux fils
Celui qui se met en route de bonne heure
Et l'autre fils :
Celui qui marche En-Haut.

Il avait eu aussi une fille pour un autre bonheur
Elle se nommait *Support de son frère*, et bientôt
Celui qui marche En-haut se lassa d'errer dans la nuitée
Il dit à sa soeur dans une proposition pleine d'alacrité :
" *Allons ramasser du bois résineux* ", une fois assez,
Il se fit un masque et alla se placer
Là où le Soleil se lève
Tout était comme un rêve.
Puis il mit Feu à son masque et courut vers l' Ouest.
Il n'était plus très loin de l'Est
Il courut vite afin d'arriver
Sans être brûlé
Par son masque enflammé.

Le peuple, par ce spectacle nouveau
Fut content et le sourire haut.
Quand le masque eut cessé de brûler
Les Femmes tinrent conseil et envoyèrent le plus âgé
Dire au chef : " *Ton fils nous permet de voir ce qui nous entoure,*
Il nous fait voir la nuit, le jour
Mais il va trop vite, dis-lui de ne pas courir si fort
Que nous voulons jouir de sa vue encore ".
Gitixam fit part à son fils cadet
Du désir de ses gens plein de curiosité
" *Que faire ?, dit-il, Si je cours moins vite*
Il est probable que le bois ne persiste …
Et me brûlera
Avant d'arriver là ".

Gitixam était très vieux et très sage
Il répondit à son tour sans aucune perte :
" *Que le support de ton masque soit d'aulne vertes,*
Soit assez large, pour éloigner le Feu de ton visage ".
Mais les Hommes se plaignirent encore,
Que *Celui qui marche en haut* allait trop fort
Gitixam dit à sa fille : de le suivre,
Et de le retenir, à défaut de le poursuivre.
Le lendemain elle était à l'Ouest, au couchant
Avec le Soleil s'en allant.
Elle vit son frère, et courut au-devant de lui
Elle le tint arrêté quelques instants.
La tribu fut satisfaite de ce qu'elle avait réussi
Et de ce à quoi, elle était parvenue comme arrangement.
Gitixam ordonna qu'il en soit ainsi tous les jours

Que rendu au-dessus du village, que sans détours,
Celui qui marche en haut s'arrête quelques instants.

Gitixam fit venir son fils aîné et lui dit :
" Tu n'es qu'un fainéant
Ne pourrais-tu pas faire preuve d'esprit
Et inventer quelque chose qui plaise à mes gens ?
Ils vont bientôt se lasser du masque de Feu
J'espère que tu entends bien et j'attends
De toi que tu réussises à ton tour de rendre les gens heureux ".

Celui qui se met en route de bonne heure,
Se retira dans un coin de la maison avec son esclave.
Il se couvrit le visage avec de la suie et des pleurs,
Continua son parcours sans enclaves.
Il dit à son esclave : " *Quand tu me verras à l'est,*
Tu ne crieras pas : non reste !,
Mais il se lève ! ". Ses cris réveillèrent les Anciens
Qui ne comprirent pas pourquoi ce cri sans fin !
Ils dirent à *Gitixam* : " Qu'il désirait que son fils aîné
Continue de se promener
Pendant que son frère dormait ".
La tribu approuva,
Et un chant composa :

" Gitixam est grand
Gitixam fait marcher ses enfants
Gitixam nous donne la lumière
Gitixam est un grand chef plein de prières ".

À leur tour les Animaux décidèrent
Que le masque de Feu serait la Lumière.
Sur ce point ils s'accordèrent
Et qui fait sécher le poisson et pousser les Plantes de Terre.
Les chiens passaient pour les plus sages des Animaux
Ils parlaient les premiers fort et haut :
" La Lune servira à mesurer le temps
Et paraîtra quarante jours chaque mois durant ".
Comme ils parlaient tous à la fois
Et que beaucoup de bruit il faisait, on les chassa.
De temps à autres, ils se plaignent à la Lune
Et demandent vengeance, en allant sur les dunes.
La Lune est satisfaite de la décision prise par les Animaux
Et n'intervint pas dans le conflit nouveau.

La question des mois étant réglée,
Celle des saisons fut abordée.
Ours Gris prit la parole et aux Animaux ses amis, il dit :
" Ne sommes-nous pas ainsi,
Ceux qui ont à souffrir
Le plus des chasseurs qui nous font mourir.
Il nous faut les saisons arranger
De façon à nous protéger.
Je propose que nous demandions
À celui qui fait tout de diviser l'an en deux saisons :
L'une courte et chaude,
Où les Hommes au bord de la mer rôdent
Et pêcheront
Le Saumon ;
L'autre longue, très froide et très ardue

Si froide que les Hommes ne nous chasseront plus ".
Ainsi en décidèrent les grands Animaux,
Quant aux petits Animaux, ils n'osèrent rien dire,
Non dans la peur de médire,
Mais dans la peur de déplaire
Aux grands Animaux de cette Terre.
Seul Porc-Épic eut le courage d'élever la voix :
" *Vos fourrures vous protégent des grands froids*
Mais que feront les insectes, les plus petits
De tous les Animaux qui eux aussi
Méritent la vie " ?

Ours-Gris de nouveau se leva,
À Cougouar, Cerf , Mouflon et les autres il demanda,
Et refit le même discours sur la froide saison
Sans prêter attention
À Porc-Épic le petit,
Ils se levèrent comme si le conseil était fini.

Porc-Épic était très fâché,
Et parla de nouveau d'un ton décidé :
Il s'adressa aux grandes Bêtes
Qui étaient sur le point de faire la fête,
" *Laissez-moi vous poser une question :*
Comment ferez-vous pour manger
Quand le froid que vous demandez
Aura fait périr
Ce qui vous donne à nourrir :
Les Plantes et les Animaux
Qui de somme et de veille, aiment le chaud.

Si votre désir était exaucé
Avant la saison chaude vous mourrez.
Quant à moi, je survivrai
Car je me nourris d'écorce d'arbre toute l'année ".

Porc-Épic se coupa le pouce et le cracha,
Comme preuve de sa sagesse et de sa bonne foi.
L'assemblée resta muette d'admiration,
Les gros Animaux lui donnaient raison.
Désormais nous t'écouterons.

" Comment diviseras-tu les saisons " ?
Ainsi parla le *Grand-Ours*.
Porc-Épic s'exprima :
" Pendant trois Lunes, il pleuvra
L'herbe verdira
Et les Plantes pousseront
Puis il fera chaud pour les Saumons.
Puis il y aura trois Lunes de pluie
Pendant lesquelles les Oies Sauvages s'en iront.
Il fera très froid, alors ici ;
Les Animaux que le froid engourdit
Se retireront dans leurs maisons
Et resteront immobiles
Et tranquilles
Durant ce temps ".
Tous les Animaux approuvèrent cet arrangement.
Depuis, chaque hiver
Ils restent dans leurs repaires.

Seul Porc-Épic voyage
En traversant les paysages.
Il visite Ours et les autres Animaux
En hibernation, au chaud
Aussi afin de s'assurer
Que son avis est toujours respecté.

Origine d'une constellation, mythe ajiboué.

Nénéjobo est le fils du Soleil
Et ses pouvoirs sont grands et pleins de merveilles
Il veut du bien
Au peuple humain.

En effet, il a rebâti notre monde
Après que les Esprits l'eurent recouvert d'ondes.
Mais encore, au temps où les Hommes et les Animaux
Habitaient les mêmes lieux, là aussi intervint *Nénéjobo*.
En ce temps-là *Ourse Géante* mangeaient des Indiens
Elle trouvait pour excuse, le fait qu'elle ait toujours faim.
Nénéjobo la changea en écureuil
Se voyant réduite à si petite taille,
Ourse Géante se mit à pleurer, c'était sa faille.
Nénéjobo lui demanda :
" *Dès lors qu'est ce que tu mangeras* " ?
" *Des hommes* répondit-elle, *sans repenti* ".
" *Kwé ! Kwé ! tu es trop petite dans ta nouvelle vie à présent
Prends garde que ce soient eux qui te mangent dorénavant.
Cherche à manger autre chose, maintenant* ".
Elle goûta aux fruits de la forêt
Et ne voulut rien d'autre manger.
Avec le temps, son caractère changea,
Elle se prit d'amitié pour les Hommes et les aima.

Elle se fit creuser une loge pour son nouveau visage
Dans un arbre près de leur village
Et se chargea de leur annoncer dans leur paysage :

Chaque matin, le retour du jour,
Elle prit aussi l'habitude de suivre les chasseurs toujours,
Et d'écouter leurs conversations ;
Sachant ainsi pour les Hommes, ce qui est mauvais et bon.

Ainsi elle apprit que les Ojiboués,
Du fait de l'été en retard de deux Lunes étaient inquiets :
Les Élans rares, ils craignaient la plus grande famine
Et ne voulurent se contenter de la vermine.
Les chasseurs se demandaient ce qui avait pu arriver
Aux Bêtes comestibles et aux Fauvettes d'été.

Ourse Géante partit en quête
Cherchant à comprendre et trouver sa requête.
Elle fureta dans tous les coins
Et finit par découvrir un beau matin,
Qu'un Manitou gardait les Fauvettes prisonnières.

Ours Blanc du Nord, montait la garde aujourd'hui et hier.

Un jour que le Manitou était à la chasse,
L'*Ourse Géante* (devenue écureuil) décida d'aller sur place.
Cachée dans la ramure d'un sapin,
Elle se mit à crier depuis son lointain :
" Mon oncle Ours " !
" Qui m'appelle " ? demanda *Ours*,
En sortant de la cave, surpris.
" C'est moi votre parente, je suis ici ".
" Je ne vois rien ", grogne l'*Ours*.
" Vos yeux doivent être malades, cher *Ours* ".

" *C'est vrai que ma vue n'est pas bonne* ", admit *Ours*.
" *Je connais un remède qui te soignerait.*
Tel un faucon te rendrait le regard aiguisé.
Pour cela ferme les yeux, et tu seras guéri ".

Ours Blanc obéit.
L' *Ourse Géante*, lui colla les paupières,
Solidement avec de la résine issue des arbres de la Terre.

Puis elle entra dans la cave trancher ce qui ligotait
Les Fauvettes d'été,
Et leur rendit la liberté.
De joie elles se mirent à chanter.

Ours Blanc comprit qu'il avait été joué
Et cria : " *Manitou ! On nous vole les Oiseaux d'été* ".
Le Manitou arriva à temps pour voir fuir
Les dernières Fauvettes et leur libératrice ".

Ainsi il comprit que changeait tout son avenir,
Il comprit ce qu'il avait fait aux Animaux comme préjudice.
Il dit à *Ours Blanc* de poursuivre *Ourse Géante*
Et de la ramener par la première déferlante
Devenue écureuil, dans les arbres, elle se cachait
Et le Manitou même avec ses flèches ne pouvait l'arrêter.

Ils arrivèrent ainsi à la haute montagne, où s'arrête la forêt.
Le Manitou se dit à l'intérieur
Qu'il avait besoin d'aide pour tuer le petit animal de malheur.

Ourse Géante, rendue au dernier pin de la forêt,
Fit un bon prodigieux qui la fit s'envoler
Dans le *Monde d'En-Haut*
Accessibles aux Esprits très beaux,
Le Manitou la suivit sans peur,
Sans savoir qu'il faisait son bonheur.

Mais se rendit bientôt compte qu'elle allait
Définitivement et inexorablement lui échapper.
De rage, il lui tira une flèche qui la cloua au ciel.

Ourse Géante devint *Grande Ours-la Belle*
Au-dessus d'elle est *Ours Blanc*
Que la résine de sapin à plonger dans un néant.
Puisqu'il a perdu la vue,
Et son chemin disparu.
De surcroît le Manitou l'a oublié
Là-haut pour l'éternité.

Table des matières.

Gouseclappe : Légende Micmac. 7
La création des oiseaux, légende micmac. 9
Pourquoi les érables rougissent à l'automne et que le cerf perd ses bois ? 10
La conquête du feu, légende algonquine. 13
Les vents, légende tsimhian. 17
La danse des herbes. Légende pied-Noir. 22
La boîte magique. Légende micmac. 25
Origine du scalp et de la danse du soleil. Légende pikuni. 31
Mythe Pikuni de la création. 39
Origine de la médecine. Légende pikuni. 45
Soleil et terre, mythe salish 51
L'homme invisible, légende micmac. 54
Origine d'une constellation, mythe ajiboué. 68